Bibliographische Information der Deutschen Nationalbibliothek:
Die Deutsche Nationalbibliothek verzeichnet diese Publikation in
der Nationalbibliografie; detaillierte
bibliografische Daten sind im Internet über http://dnb.dnb.de
abrufbar.

Herstellung und Verlag:
BoD – Book of Demand, Norderstedt
Autor: **Be Zoban**
Buch Illustration: **Elay Djojan**
Hrsg.: **Engel Roshan**

ISBN Taschenbuch:
978-3-7526-7128-5

EINFÜHRUNG

Das Gedichtbuch "DURCH MEINE AUGEN"
besteht aus einer Fülle von Gedichten umhüllt
von der Liebe, verfasst von einem in Deutschland
lebenden afghanischen Autor. Es führt Dich
durch facettenreiche Episoden des Lebens mit
dem Mittel und Instrument der rätselhaften,
orientalischen Gedanken, Fantasien und Träume.

DURCH MEINE AUGEN

Ein Hauch persischer Dichtkunst

Illustration: Elay Djojan

Be Zoban

Hrsg. Engel Roshan

„Ehre das, was dir zu Diensten steht, wenn du kein Narr bist."

ICH NARR

Als die brutale Hand des Morgengrauens,
Stück für Stück die Sterne pflügte,
verfluchte ich mein Versäumnis,
dass ich deine Küsse,
was meinen Traum berührte,
nicht angekettet habe.
Ich war zu schwach.
Durch die Nacht
war ich wach.

Wie barmherzig die Nacht doch ist,
die einen ungehorsamen wie mich
in die Arme nehmend,
mich mit der Melodie
deiner verträumten Augen
berauschen vermochte.

Was für ein Narr
ich doch war…

"Die Schönheit altert nicht."

DURCH MEINE AUGEN

Mehrere Leben summte ich
das ausgestorbene Lied
der Sehnsucht,
um dein ungerahmtes Bild
der Unschuld
in das wackelige Bett
meines Gedächtnisses zu verelenden.

Doch deine Schönheit
verblasst nicht
durch den Staub der Zeit.

Beneide das vergebliche Streben
der Blume nach Bewunderung nicht.
Bedaure den unermüdlichen Wettstreit
zwischen Tag und Nacht nicht.
Betrachte dich durch meine Augen.

Das schönste Bild…

„Die Liebe ist das Glück. Sie übersteht den Tod."

EWIGES GLÜCK

Um mich an einem Tröpfchen
der göttlichen Substanz des Lebens
zu berauschen,
tauchte ich,
ohne dafür ausgerüstet zu sein,
tief in das Herz der Liebe ein.
Doch sich lösend von mir
verlor sich mein unbedarftes,
trunkenes Herz
in den mir unbekannten Labyrinthen.

Ihm nachjagend
muss ich mich nun
in die unendlichen Wellen begeben,
welche mein Leben fordern,
jedoch verleihen sie mir
ewiges Glück...

Persisch: Gottes Reinheit bezieht sich auf das Wasser.

WO AUCH IMMER...

Umhüllt von Gottes Reinheit
freut es dich kindlich,
dich vor meinen unbefugten Blicken
verborgen zu haben.
Ist dir nicht bewusst, Liebste,
dass ein jedes Tränentröpfchen des Meeres
ein Stück meines Auges beherbergt?
Ich kann dich sehen.

Voller Vertrauen
lässt du den Wind
deine Haare streicheln.
Ist dir bewusst, Liebste,
dass ein jeder Hauch des Windes
mein Seufzen zu dir trägt?
Ich kann dich atmen.

Sei achtsam,
wo auch immer du verweilst,
folge ich dir......

Persisch: „Wenn Liebe deinen Schlaf stiehlt,
kannst du nur vom Traum träumen."

TRAUM TRÄUMEN...

Wo ist der Traum?
Ich muss vorab
von einem Traum träumen.

Wie altruistisch
möchte ich eine Brücke
aus der Traumwolke bauen,
aus der ich dich betrachtend,
bisweilen eindringend
in deinen vernebelten Traum,
sie mit den Tränen
der Freude und Sehnsucht
vom Staub der Sorgen
befreien.

Wenn die Nacht müde werdend
aufhört zu träumen,
soll mein Traum bestrebt sein,
sich mit dem
vom Licht schummrigen Traum
des Tages zu vereinen,
in dessen Mitte ein Bild steht,
dein eindringliches Bild.

Doch wo ist der Traum?
Ich muss vorab...

Persisch: „Mein Herz ist Rot, weil es verliebt ist."

ROT

Gleich einem hungrigen Küken,
pflückend die Braut deines Bildes,
sammelte ich es
Korn für Korn zusammen
und baute einen Himmel der Liebe,
wo nur Sonne und Hoffnung
über ein Bleiberecht verfügten.

Mein verrücktes Herz
hüllte diesen Himmel
in den roten Vorhang seiner Kammern
und brachte ihn in seinen Besitz.

Nun fließt durch meine Adern
statt des Blutes
nur noch Liebe...

Liebe: Wer sich in seinem selbstausgeworfenen
Netz verfängt, hat sich nicht zu beklagen.

DILEMMA

Wie charmant berührst du
mit deiner zarten Hand
den Gipfel meiner Träume.
Befehligst so Frieden
in das Durcheinander meines Herzens,
doch wirbelst den Frieden
meiner Gedanken durcheinander.
Denn,
durch das Denken an dich,
beruhigt sich mein Herz.
Von der Ohnmacht geplagt,
sterben jedoch
meine Gedanken.
So der Freiheit zuliebe
verweile ich in der Verwahrung.

Ein Dilemma,
wie soll ich mich nun
über die Gefangenschaft beklagen?
Da ich in dem Netz
gefangen bin,
welches ich selbst auswarf...

„Die Liebe steht über den Zeiten!"

AUF IMMER FÜR DICH

Zwischen Hoffnung
und Resignation
beschloss ich gestern,
für dich zu leben.

Umgeben von Ehre
und Spott
beabsichtige ich heute,
für dich zu leben.

Auf dem Gipfel des Berges
und in der Tiefe des Tals
werde ich mich morgen
dafür entscheiden,
für dich zu leben.

Die Zeit ist dieselbige,
ich bleibe derselbige,
wann wirst du das verstehen?

„Mutterliebe birgt ein Mysterium in sich.“

HEILIG

Selig war ich,
als einst du in mein Leben trat'st,
doch still warst du,
frei von Emotionen.
Glücklich war ich,
als du noch bei mir weiltest,
doch du warst stets rational
und zeigtest deine Gefühle nicht.

Erstaunt beobachtete ich neulich,
wie du die Welt nur noch
als ein Stück Glück empfandest,
während du das Lachen
im Gesicht
deines Kindes betrachtetest.
Mich rätselt,
welch heiliges Mysterium
eine Mutter- Kind- Beziehung
in sich birgt.

Darum beneide ich dich,
mein Kind…

„Kein Geschenk ist wertvoller als die Freiheit. "

DAS WERTVOLLSTE GESCHENK

Erniedrigend und beschämend
klagst du mich an,
weil ich dich aus purer Not
nicht mit einem Geschenk
beglücken könne.

So betrachte dich im Spiegel, Liebste,
denn dich selbst schenke ich dir,
du wertvollste Siedlerin
meines Herzens.
Damit du frei von Zwängen,
von jeglichem Bund
dich selbst wertschätzt,
die Liebe empfängst,
der Liebe lauschst,
den Duft der Liebe atmest.
Damit du dich selbst
zu suchen vermagst,
und achtsam hinschaust,
wo du dich wiederfindest,
wo du über einen warmen Platz
zum Verweilen verfügst…

„Lerne doch von der Kerze, wie sie sich aufopfert.“

SORGE

Zaghaft lächelnd und zittrig
vermochte ich nur noch
mit meinem flatternden,
schwachen Licht
deinen Weg zu erleuchten.
Doch als mir gewahr wurde,
dass du verblendet
dem starken Licht
entgegen eifertest,
vergoss ich trauernd
und eingeschüchtert
gleich einer Kerze
heiße Tränen,
bis ich
in meinem eigenen Blut
und Wasser erstickte
und mich selbst in der Sorge,
du könntest dich
in der Dunkelheit verlaufen
und in falsche Hände geraten,
auslöschte…

„Keine Trennung hat die Macht, die Liebe zu überschatten."

GETRENNTES GLÜCK

Nicht fort bist du von mir,
damit ich dir hinterherliefe.
Verhüllt hast du dich nicht,
darum ich dich aufsuchen müsste.

Ich fürchte die Entfernung
zwischen uns nicht,
da wir uns so nahe sind,
da wir uns blind verstehen.
Jedoch ängstigt mich
die entzweite Nähe,
gleichwie Mond und Erde,
die aus der Ferne kohärieren,
doch wenn sie sich zu nahe kämen,
miteinander kollidierten.

Darum genieße ich meine Ruhe,
deshalb bin ich glücklich,
Drehe mich demütig
in einem Orbit um dich
und bewahre dich geschützt
in meinem Herzen.

Seinen Pulsschlag,
vernimmst du ihn nicht?
Auf deinen Namen ist es getauft,
um dir ein Zuhause zu widmen.
Solang wie es schlägt
sorge ich mich nicht, Liebste
und alles was mir bleibt
in meines Tages Tun,
ist dein Bild auszumalen...

„Verweile in dem Garten, wo der Gärtner dir zu Diensten steht. "

IM GARTEN

Seine Äste dir wohlwollend reichend
blieb der Baum
beharrlich aufrecht stehen,
in der Hoffnung,
dass du deine Gelüste
an seinen Früchten stillest,
als du einst
durch seinen Garten wandeltest.

Nach einem aufstrebenden Wettstreit
um eure Schönheit
und euren lieblichen Duft,
benetzt der Tautropfen
noch immer das Gesicht
der ohnmächtig gewordenen Blume,
seit du einst
durch ihren Garten wandeltest.

Das Gras wächst stetig
und vermehrt sich rasant,
um dir einen Teppich aus Liebe
zu schenken,
seit du einst
durch dessen Garten wandeltest.

Doch sei achtsam, Liebste,
lass dich von den Bewohnern des Gartens
nicht verführen,
eine Welt
von rotem Grün in sein Herz pflanzend,
ist ihr Gärtner dir der Eine,
der treu dir zu Diensten ist…

„Wenn du eine Welt durcheinanderbringst,
verweile doch gefälligst in dem Durcheinander."

KEHRE ZURÜCK

Wer gab dir das Recht,
kokett und unbekümmert
durch meine öde Landschaft
zu schreiten?
Deren verschlossenes Heiligtum
zu offenbaren,
dort deine Netze auszuwerfen,
in dessen Mitte
deinen Namen einzumeißeln
und dein Bild einzugravieren,
die Luft mit deinem Duft
zu erfüllen,
deine unumstrittene Herrschaft
zu festigen,
um dann,
dann alles hinter dir lassend,
frech lächelnd und charmant
wieder hinaus zu spazieren?

Ist dir nicht bewusst, Liebste
was du angerichtet hast?
Kehre heim zu mir,
denn dort wirst du gebraucht.
Nirgendwo anders wirst du
ein wahres Zuhause finden,
welches deine Handschrift trägt.
Ich überschreibe es dir.

„Geh nicht fort, die Gefahr lauert. Komm nicht
nah, ich kann dich nicht ausstehen. "

LIEBESZAUBER

Wie lange schon
lag ich nur reglos
und wünschte
von dir zu träumen.
Doch angestachelt von dir
wies der Schlaf rigide
meine Lider an,
wie angenagelt in Starre zu weilen.
Geblendet von dem Licht im Dunkel
blieb mir nur
vom Schlaf zu träumen.

Wie erbarmungslos vollführst du
deinen Liebeszauber, Liebste,
Sodass ich weder zu schlafen,
noch meinem Wunsch
nachzukommen vermag,
von dir zu träumen.
So verdammst du mich stets dazu
ein Abbild deines Antlitzes
vor meinem inneren Auge zu formen
und machst mich süchtig
nach der Sehnsucht nach dir…

„Handelt es sich um einen Traum der Liebe, so
wünschte man sich, dass die Nacht ewig weile. "

FAIRER HANDEL

Wie unbarmherzig ist der Tag.
Stück für Stück
die Ader der Nacht erobernd
mit seinem geschmacklosen Wein,
versucht er sie
von sich zu berauschen.

Erst als mich
der Traum von dir
zu betäuben vermochte,
erscheint das fremde Licht.
Verärgert zeige ich ihm
mein versteinertes Gesicht.
Konnte die arrogante Sonne
nicht warten?

So,
mich verlassend,
steigst du
tanzend und wirbelnd
zur Krone des Tages empor,
weit fern von meinen Träumen.

Nun verkaufe ich gerne meinen Tag
für ein Tröpfchen der Nacht...

„Verliert einer in der Liebe, verlieren beide."

DAS SCHACHSPIEL

Wie charmant du
dein Schachbrett bereitest
und nach einem geeigneten
Spielpartner suchst.

Berauscht von deiner Schönheit
tappe ich in deine süße Falle,
schaue sprachlos staunend,
wie du meine Figuren
eine nach der anderen pflügst,
mein Königreich bedrängst,
um mich schachmatt zu setzen.
Ohne Gnade verfolgst du dein Ziel,
durchbrichst all meine Barrieren,
so dass ich mich
deiner nicht mehr erwehren kann.

Ist dir bewusst, Liebste
wenn ich aufgebe,
du deinen Gegenspieler verlierst?

Persisch: „Steinerne Hülle beherbergt weicher Kern in sich.“

UNWIDERSTEHLICH

Kein Zeichen der Schwäche
sind meine Schweißperlen,
die du auf meinem Gesicht
betrachtest.

Bist du dir nicht gewahr, Liebste,
dass ich vor dir stehe,
in deiner warmen Welle,
die stärker als der Sonnenstrahl
jeden Stein zum Schmelzen bringt,
in deinem unwiderstehlichen Duft,
wie die Brise über Gottes Landschaft,
jede Blume zum Gedeihen bringt?

Da ist kein Stahl mehr,
wo er einst gewesen.
Ziehe dessen weichen Kern,
trommelnd deinen Namen,
singend deine Hymne
wird er dich sanft
durch die Härte des Lebens
tragen…

„Du bist nicht verrückt. Du bist verliebt. Keine Gnade, keine Gleichheit in der Liebe!"

GLEICHHEIT?

Wo ich auch hinblickte,
sah ich mich nur noch
umrandet von deinem Bilde,
was mich gnadenlos gefesselt
hin und her riss.
Hörte ich nur noch
das Geflüster deines Namens
aus meinem Munde

Um mich von dieser Kette
der Freiheit zu entwürdigen,
bekleidete ich mich
als Ritter der Gleichheit.

Zufrieden mit meinem Mut
stand ich rachsüchtig
am Altar der Würde
und schwor
nie wieder deinen Namen zu nennen.

Doch das Schwören
war vor deinem Bilde,
in deinem Namen.
Nur noch einen Namen...

Inspiriert von dem afghanischen Volkslied.

TRÄUMERIN

Was verbirgst du
hinter deinem Strahlen,
was mich so derart
aus der Bahn wirft?

Du lächelst,
doch dein Blick
saugt die göttliche Trauer
aus der Tiefe,
vermittelt mir
eine andere Botschaft.

Du weinst,
doch deine Augen
füllen sich nicht mit Tränen.
Sie spiegeln
die mystische Stille wider,
in der sich Himmel und Erde
in Liebe trennen.

Mutlos und entkräftet,
angesichts deiner unergründlichen
Schmerzenslandschaft,
meißelte ich meinen Namen
mit meinem letzten Herzschlag
in den eigenen Grabstein,
wenn deine Augen ein einziges Mal
für mich lachten,
nur einmal für mich weinten.

Ich bin verzaubert...

„Die Stille der Sehnsucht übertönt alle Glocken."

DU FEHLST MIR

In deinem Fegefeuer
hältst du mich gefangen,
gleich einer Flamme,
die das Lebensfeuer
auszulöschen vermag,
gleich einem Regen,
der eine Flutwelle aufhält
aus ungeweinten Tränen,
wie eine Skulptur,
welche die Hand ihres Bildhauers führt,
so wie ein Keim,
der in das Ei eindringt,
es mit sich in den Tod reißt,
um etwas Neues zu erschaffen.
Doch resigniert
und zugleich hoffnungsfroh
sehne ich mich nach dir.

Als Auserwählter für den Tod,
stumm mein Schicksal erduldend,
breche ich nun mein Schweigen.

Sogleich mit lautem Krawall,
will ich sogar den Urknall übertönen,
um jede Menschenseele zu erreichen,
um es in die Welt hinaus zu schreien,
dass ich existiere,
dass Sehnsucht
nicht nur ein Begriff ist...

Du fehlst mir...

„Halte die Karaffe schräg, doch schenke keinen Wein aus"
Persisches Sprichwort.

DEIN SPIEL

Wenn die Zeit
sich Zeit lässt,
mit Schlaf mich
zu beglücken,
zu gönnen mir,
dass die Sehnsucht ich vertreibe,
dann ist es dein Antlitz,
welches das Schlaflied singend,
mich in Träume versetzt.

Wenn der Tod sich weigert,
mich in seiner mystischen Stille
zu begraben,
dann erkenne ich dein Handwerk,
welches den Tod
zum Schweigen zwingt.

Was für ein Spiel
spielst du, Liebste?
Das Sehnen nach dir
verdammt mich zum Sterben,
doch dein unbändiger Wunsch
zu siegen
verbannt sogar den Tod…

Inspiriert von Maulana Romi

DIPLOPIE

Unerfahren war ich,
als ich in den bunten Horizont
der Liebe eintauchte
und dir begegnete.
Gleich einem Schmetterling,
der sich aus der Verpuppung befreit,
um fliegen zu können,
verlor ich mein Sein,
mein Herz und meine klare Sicht,
um mit dir zu verschmelzen.
Verliebt ineinander, so nahm ich an,
spiegelte ein jeder den anderen.
Ich, als dein Liebhaber,
du, als die Geliebte.

Nun, als die Schatten der Zeit
den Horizont vernebelten,
littest du wohl mit
für mein Leiden.
Erst jetzt wurde ich mir gewahr,
dass wir Eins waren
und ich lediglich
doppelsichtig gewesen bin...

„Die Liebe kennt keine Grenze!"

KALTE TRÄNE

Solch eine Träne
aus deinem Auge
ersehnte ich zu sein,
welche du wie eine Perle
mit deinem zarten Finger abtupfst,
sie küsst
und in der Erinnerung behältst.
Doch gleich einer kalten Träne,
die weder auf Freude
noch auf Schmerz verweist,
ließest du mich unbarmherzig
in den Staub fallen,
hastig und brutal
wuschest du ihre Spuren ab,
damit keinen Furche
auf deinem Gesicht
zurück bleibe.

Zu Boden fallend
traf ich zahlreiche Meinesgleichen,
die jammernd
auf die erlösenden Tränen
des Himmels warteten,
um mit ihnen
in den Ozean zu reisen
in der Hoffnung,
dass du eines Tages dort
zum Baden erscheinst…

„Es ist kein Handel. Es ist kein Geben und
Nehmen. Das ist Liebe. Sie nimmt nichts zurück."

FREMDES STÜCK

Voller Zuversicht
verließ ich mich
auf mein Herz.
Doch was soll ich
mit ihm anstellen,
wenn dieses versagt?

Ich beichte…
Dieses zerbrechliche Stück
gehört dir, Liebste,
mach damit das,
was auch dir gefällt.
Doch wenn es sich unbedarft,
ungehorsam benimmt,
gewähre ihm keine Freiheit,
sperre es fort
in dein warmes,
eisernes Verlies.

Denn was könnte ich
mit ihm anstellen?
Es ist dein...

„Die Unachtsamkeit in der Liebe hinterlässt zwei Verletzte."

HERZENSRAUM

Umhüllt von meinem Herzen
wandelst du kokett
und unbedarft,
dich sicher fühlend,
auf dem Markt der Liebe.

Ist dir gewahr, Liebste,
dass deine Rüstung
nicht stählern ist?
Sie blutet,
sie ist verletzlich.

Gib Acht,
denn die Pfeile unbefugter Blicke
die Hülle durchbohrend,
vermögen dir wehzutun.
Sodann ist mein Herz
seiner Aufgabe nicht gewachsen.

Verweile in dessen Raum,
dort bist du in Sicherheit…

*„Verlasse dich nicht auf den Tag. Der Tag
täuscht."*

DOPPELTES MALHEUR

Unbedacht versprach der Tag,
mir eine behagliche Begegnung mit dir
zu gewähren,
doch als mich die Gewissheit leidvoll traf,
dass es der Tag deines Abschieds werde,
fielen statt meiner Tränen
zwei heiße Augen in den Staub,
um deinen Fußstapfen nachzuspüren.

Beschämt hüllte sich der Tag
in einen dunklen Schleier
und die Bühne unverzüglich verlassend
verwehrte er mir zusätzlich die Sicht…

„Breche das Herz nicht, welches dich in sich trägt."

DAS SPIELZEUG

Wie kokett du
mein Weinen verlachst,
da ich mich kindisch benehme,
als du das Spielzeug
in Scherben zerbrichst.

Wie beschämt du
mein Lachen beweinst,
als ich in kindlicher Einfalt
die Scherben aufhebe,
die jede in sich
dein Bild bewahrt.

Gib Acht, Liebste.
Dieses Spielzeug ist kostbar,
denn es trägt nur
dich in sich…

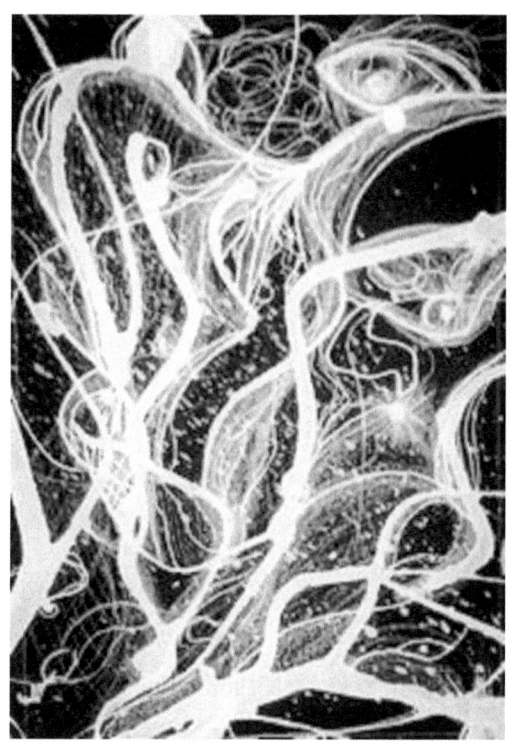

„Das seelische Glück schwindet nicht. "

GLÜCKLICH

Glücklich war ich,
als ich dich traf,
glücklich war ich,
als du bei mir warst.
Nun bist du fort
und dennoch bin ich glücklich,
da auch du es weiterhin bist.
Wieviel meiner Selbst
hast du von mir gestohlen,
wieviel Du habe ich von dir,
eines jeden Stück,
welches wir uns im Nachhinein
einander schenkten,
dessen ich mich nicht
erinnern möchte
und doch mit jeder Einzelheit,
da wir es
als unser Eigen bewahren,
weil wir es nun
als solches betrachten.

Ich lebe zufrieden.
Das Glück schwindet nicht…

Persisch: „die Sterne schließen die Augen zu,
komm doch endlich…"

SCHLAFLOS

Inmitten der finsteren Ader der Nacht
trat ich in einen Wettstreit
mit dem Stern,
welcher aus lauter Sehnsucht
nach seiner geliebten Sonne
bald blinzelte,
bald ermüdet die Augen schloss,
sich hinter Wolkenfetzen versteckte,
schließlich beim Auftritt seiner Geliebten
vor Scham erblasste
und in die Unendlichkeit entschwand.
Gleichwohl als Gewinner,
als auch als Verlierer ging ich aus dem
Duell heraus.
Ich blieb hellwach die Nacht hindurch
und erzählte den Geistern,
wieviele Sterne mir nacheiferten.

Erregt und beleidigt
lässt der Schlaf seither von mir ab,
doch sobald endlich dein Bild
sich mir zeigt,
weicht die Nacht dem Morgen
und ich bin fortan
gefangen in des Tages Verlies
und seiner Unbarmherzigkeit
ausgeliefert…

Persisch: „Das Warten ist Geduld, Geduld ist Tugend, Tugend ist Glück…"

WARTEN

Zwischen Ufer und Meer,
wo das Wasser das Gesicht
seiner wartenden Geliebten wäscht,
am Rande des Horizonts,
wo sich die Sonne lässt
vom Monde küssen,
wo der Tag sich
von der Nacht verführen lässt,
auf dem Gipfel
der Hoffnung und Resignation,
wo der Keim das Leben begrüßt
und hofft eine Zygote zu werden,
wo die Blume sehnsüchtig
auf den Nektar,
fließend durch die Adern des Baumes, wartet,
um sich zu öffnen,
dort ließest du mich sitzen.

Ich warte,
ich warte in einem Traumspektrum
aus Chaos und Ordnung
und versinke im Licht
meiner Unterwelt.

Doch ist dir bewusst, Liebste,
die Gnade,
auf dich warten zu dürfen,
ist das Glück für mich...   66

Mythos: „Ein Kanarienvogel überlebt die Freiheit nicht.“

WARUM ZURÜCK ...

Schwer abgesichert waren
die eisernen Tore deines Herzens,
als ich beschwerlich dort eintrat
und mich unbedarft
zum ewigen Schlaf hinlegte.
Nun weiß ich nicht,
warum ich zurück bin.

Weit und breit hast du
die Tore geöffnet,
um mir die Freiheit
aus der paradiesischen Haft
zu gewähren.
Nun weiß ich nicht,
warum ich zurück bin.

Gleich einem Kanarienvogel,
der wehleidig singend
die Freiheit in der Haft,
als Haft in die Freiheit
bevorzugt,
vermochte ich nicht
ohne Gitter, ohne Aufsicht
den Duft des Lebens atmen.

Nun weiß ich wohl,
warum ich zurück bin…

Inspiriert von afghanischem Volkslied: „Schlage nicht mein Herz. Sie braucht Stille."

STILL!

Berührte mein Traum
in jenem Stück seines Rausches
dein verträumtes Bild,
sagte mein Herz,
„Sei still!"
um deine Ruhe nicht zu stören.

Darauf rang ich in aller Stille
mit der Natur,
auf dass kein Wind mehr sause,
kein Sturm mehr brause,
brach manchem
Schmetterling die Flügel,
damit sein Flügelschlag
deine Ruhe nicht verletze.

Letztendlich legte ich wohl
mein Herz still,
da seine Schläge
deine Ruhe antasteten.

Nun bewundere ich
in aller Ruhe
deine göttliche Stille
und träume deine Träume....

„Liebe ist übertragbar!"

DIE MACHT DER LIEBE

Wie zart, wie unauffällig
eroberst du Stück für Stück
eine fremde Welt,
die sich gehorsam
dir zu Füßen werfend
in deiner Welt der Freiheit
verweilen möchte.

Wie kokett und charmant
peitschst du deinen Diener,
der bereitwillig deine Hiebe küssend,
sich in deine Dienste stellt.

Ist dir
dein gewaltsames Herrschen gewahr,
Liebste?
Gewalt ist gewaltig.
Besudle deine Hände nicht mit Blut.
Blut ist rot
und rot ist die Liebe.
Sei behutsam,
es kann dich berauschen...

*„Sei nicht unbedarft. Die Elemente der Natur
wetteifern, um dir zu dienen."*

SEUFZER

Wie zart und sanft
vermochte der Wind
deine Haut berühren.
Wie liebevoll huscht er,
um durch deine Haare zu streichen.

Doch, wie kokett und stolz
entziehst du ihm das Glück,
sodass er enttäuscht
in den Himmel emporsteigend,
bitterliche Tränen vergießt.

Nun küsst dich frech
der unbefugte Regen,
sodass du nass werdend,
den Wind bedauernd bittest,
die Wolken zu besiegen,
dein Haar zu streicheln,
deine Haut zu berühren,
dich zu umarmen.

Denn frisch und duftend möchtest du
durch den Tag schreiten...

*„Schönheit ist relativ. Mit dem eigenen Auge
betrachtend!"*

UNMÖGLICH

Dich erblickend,
beißt selbst Gott sich
seinen künstlerischen Finger blutig,
nicht ahnend,
welchen Traum er in sich hegte,
als er dich erschuf.

Wie kann ich meinen Blick
von dir abwenden,
wenn dieser gefesselt
nur noch einem Weg
der Erkenntnis folgt?

Wie kannst du den Tod,
die peinigende Flamme erwünschen?
Denn auch dann, wenn sie erlischt,
so stirbt sie nicht.

Finde dich damit ab, Liebste,
das unberechenbare Herz
inmitten der göttlichen Substanz
und der Feuerflammen
trägt dein Bild in sich.

Eva auf Persisch, HAWA (Äther).

A UND O

Wo fing es an,
wo ist ein Ende?
Irgendwo,
nirgendwo...

Als, geprägt durch Gottes
unendlichen Humor,
Himmel und Erde
sich zu lieben begannen,
stieg Eva nieder,
um Adam zu besiegen,
da war mein Schicksal besiegelt.
Die Liebe keimte in mir,
empfahl, meine Nächste zu lieben.

Du warst meine Nächste,
du bist meine Nächste
und so wird es auch bleiben,
bis der Vorhang fällt...

„Nur das Herz kennt die Sprache der Liebe!"

CHARME

Ich beneide mein Herz.
Wie banal, doch asketisch
jenes sieht,
was ich nicht sehen kann.

Ich verneige mich
vor meinem Herzen.
Wie geräuschlos und stumm
jenes sagt,
was ich nicht zu sagen vermag.

Wie viel göttliches Gespür
bewahrt dieses in sich?
Es erkennt meine Liebe,
es verführt sie,
lässt sie tanzen
nach seinem unhörbaren Rhythmus
und leitet sie furchtlos
durch die Nerven,
der Himmelsbrücke,
bis sie müde und erschöpft
ihr Herz verknotet
mit ihm in einem ewigen Bund.

Ich beneide mein Herz...

„Trunken, berauscht, ohnmächtig, tot; Die Liebe!"

DU...

Gleich dem goldenen Herbst
aus der Ferne
wie Sonnenstrahlen reflektierende Wellen
des Meeres
zerzausen die Flügel des frechen Windes
deine Haare.
Du schreitest,
du tanzt.
Ich bin trunken.

Unbefugt stiehlt dir die Natur
die Zaubermelodie des Glücks.
Du lächelst, du flüsterst.
Ich bin berauscht.

Den blauen Himmel nachahmend
laden deine Augen mich ein
zu einem Ausflug in die Unendlichkeit.
Ich falle in Ohnmacht.

Sonne, Mond, Sterne
küssen die Sphäre der Erde.
Gleich einem Traum des Dichters
trittst du sanft, warm, strahlend
in antastbare Nähe.
Ich wünsche mir,
es gäbe ein Leben
nach dem Tod...   82

„Lieber lebendige Seele in totem Körper als tote Seele in lebendigem Leib."

GNADE DER LIEBE

Wie majestätisch mächtig
eroberst du schamlos mein Sein,
sodass ich
groß werdend
in meinem Körper
nicht verweilen kann
und mich kniend
vor dir verbeugen muss.
Je massiver das Wesen,
umso biegsamer wird er.

Freien Willens begab ich mich
in den Sklavendienst deiner Liebe,
doch dessen Ketten
verliehen mir die sinnliche Freiheit.

Gerne für dich
sterbe ich,
denn mir ist gnädiger
eine freie, lebendige Seele
und ein toter Körper,
als eine tote Seele
in einem lebendigen Leib…

„Liebe ist sinngleich der Freiheit."

GUNST

Es ist kein Schrei
der Verzweiflung,
der deine Ruhe stört.
Ich eifere dem Wind nach,
der sich schmerzvoll
demütig schwächt,
um aus der Freiheit
des breiten Meeres
durch die Enge des Waldes
zu kriechen,
um sich vom Duft
der Blume berauschen zu lassen.

Ich ahme
den gefallenen Engel nach,
der vom Olymp
verstoßen wurde,
weil er sich anderweitig verliebte
und du ihn aus Albernheit
Satan nennst.

Schenke mir die Freiheit
der Liebe wieder.
Tanzend und frohlockend
werde ich deine Ruhe
auf meinen Flügeln tragen…

„Die Liebe hat eine eigene Sprache." Russisch

DIE SPRACHE DER LIEBE

Verwickelt in ein Dilemma,
verlor ich die Orientierung.

Kokett verweigerst du mir die Liebe
mit der Begründung,
dass ich von ihr nichts wisse.

Doch mir ist nicht bewusst,
was die Liebe
mit dem Verstand
zu tun pflegt.

So unwissend entgegne ich dir
in der stummen Sprache der Liebe,
die sagt,
grundlos liebe ich dich...

„Versuche nicht dich abzukühlen. Du bist
verliebt. "

HEIß

Warm ist
dein angenehmes Dasein,
das mir barmherzig
die Abwesenheit der Sonne
als unerheblich darlegt.

Warm sind
deine schamhaften Blicke,
die mir das Streben,
um das versnobte Licht
ersparen.

Warm ist der Hauch
deiner Stimme,
die mir den Frost
des herbstlichen Windes
erträglich macht.

Ich bin trunken
von deiner unendlichen Wärme,
Sodass mir heiß ist.

Die Kälte und der Schnee
kühlt mich…

„Die Gebote tragen den Namen der Liebe.“

GEBOT

Mein Leiden verlachst du,
doch dir ist nicht gewahr,
dass damit das Leid vergeht.

Du beweinst Deine Niederlage
und meinen Sieg,
doch du weißt nicht,
dass ich gerne
die Perlen sammle.

Du strafst mich mit Schweigen,
doch dir ist nicht bewusst,
dass ich die Ruhe genieße.

Sei nicht verärgert, Liebste,
über meine Intrigen.
Denn alles,
was deinen Namen trägt,
ist mir das höchste Gebot...

Inspiriert vom persischen Spruch.

NICHTS..., ALS...

Nichts ist das Leben,
als eine Geschichte der Liebe.
Liebe ohne...

Schnee, Regen, Wärme und Wind
sind unverbindlich am Werk,
um ihren geliebten Wesen
das Leben zu erleichtern.
Tag und Nacht tanzen sprachlos,
um deren Gang und Ruhe zu ehren.

Tautropfen küssen
das Gesicht der Blume,
ohne eine Gegenleistung zu erbitten.
Diese verschenkt ihren Duft,
ohne zu fragen,
wer ihn benötigt.

Die Mutter stillt den Säugling,
ohne sich von der Natur
entlohnen zu lassen.
Ich schenke dir mein Herz,
ohne meinen Namen
in das Buch zu schreiben.

Nichts ist das Leben,
als eine Geschichte der Liebe.
Liebe ohne…

„Die Liebe, ein lebendiges, autarkes Wesen,
Phänomen, Abenteuer...
Sie geht unbeeinflusst ihren eigenen Weg. "

ZWEIFEL

Gleich einem Seufzer
der Unschuld,
zu laut geschwiegen,
doch du hast deine Ohren
an die Stille verkauft.
Wie der durstige Boden
lautlos geschrien,
doch du hast die Ohren
deines Herzens
mit Lärm verstümmelt.

Wie viele Leben gäbe es
zwischen Schweigen und Geschrei?
Der Himmel belehrte mich,
meinen Zweifel zu beweinen.
Doch du weigerst dich,
im salzigen Wasser zu baden.

Zu laut geschwiegen,
lautlos geschrien,
einen Himmel geweint.
Was nun?

„Nie veraltet ein Geschöpf, dessen Herz mit der Liebe geziert ist."

NUR DIE LIEBE GENÜGT...

Wohl betrachtest du mich
als einen kahlen alten Baum,
der vom Froste leidet
und bei jedem Windstoß
zitternd vor Angst
seine Blätter verliert.

Wohl hast du vergessen,
dass dieser Baum
sich dem Glück verschrieb,
bedürftige Blumen zum Blühen brachte,
saftige Früchte reichte.

Doch dieser Baum lebt noch,
die Keime der Liebe
in sich hegend,
deren Knospen
in der nächsten Saison
der Welt entgegen lächeln.
„Nie veraltet ein Geschöpf,
dessen Herz
mit der Liebe geziert ist."

Lass meine Augen nicht hungern
nach deinem Antlitz.
Erwidere meine Liebe.
Nur Liebe genügt der Liebe...

Persisch: „ Berührt dein Bild meine Träume,
vergesse ich was der Wunsch, was das Leid sei. "

NUR EIN STÜCK…

Wenn Gott sich offenbart,
dann erwarte ich von ihm
ein Stück Geborgenheit.
Wenn die Sonne erscheint,
dann erwarte ich von ihr
ein Stück Wärme.
Wenn die Sterne zwinkern,
dann erwarte ich von ihnen,
ein Stück Glück.
Wenn der Mond leuchtet,
dann erwarte ich von ihm,
dass er den Pfad erhellt.

Wenn du
mein Sein eroberst,
dann vergesse ich alles,
was ich erwartet hatte,
was mein Verlangen weckte.
Denn meine Wünsche sind erfüllt
und ich bitte dich, Liebste,
um nur ein Stück von dir.
Dein Herz…

*„Der Dichter, der Künstler hat seine eigene
Psyche, er lebt in seiner eigenen Welt."*

DES DICHTERS LIEBE

Hüte dich davor, Begehrteste,
dich in einen Dichter
zu verlieben.
Er wird wohl mit dir,
doch niemals bei dir sein.
Er verehrt dich, ehrt dich,
doch nicht als die,
die du bist
in deinem Fleisch und Blute.

Dein Antlitz betrachtend
forscht er nach subtilen Schönheiten,
nach Illusionen.
Blickt er intensiv dir in die Augen,
träumt er von den Sternen,
von okkulten Wesen
jenseits des Kosmos.
Deiner Stimme lauschend,
vernimmt er bald
das Gezwitscher des Vogels,
das Säuseln des Windes,
ein Plätschern des Wasserfalls,
das stille Rauschen des Meeres,
das dumpfe Grollen eines Gewitters.

Fliegt ihm ein Hauch deines Duftes zu,
schwebt er in paradiesischen Lüften.
Spürt er die Zartheit deiner Haut,
so wandelt er durch weiche Gräser,
durch pulvrigen Schnee und feinen Sand.

Schon bald vereinst du
ein ganzes Universum in dir
doch eroberst nur einen winzigen Teil
seines Herzens.
In seiner Welt
steht die Zeit für dich still,
dennoch wechseln die Kulissen ständig,
findest dich zuweilen parallel
an verschiedensten Orten wieder.
Während du von der Liebe träumst
und von Zärtlichkeit,
schenkt er dir Poesie
über die Unendlichkeit.

Er ist mit dir,
doch niemals ist er bei dir.
Drum hüte dich...

ierzu nutze ich die Gelegenheit, mich bei meiner lieben
utorinkollegin Claudia Willmes, meinen wunderbaren
indern, Elay, Engel, Milad und Anil, die mir jederzeit
nbeschränkt Beistand geleistet haben, herzlichst zu bedan